Müller Kniegelenksendoprothesen

Dr. med. Franz-Josef Müller

Kniegelenksendoprothesen

Operation
Vorbereitung und Nachsorge

TRIAS THIEME HIPPOKRATES ENKE

Anschrift des Autors:
Dr. med. Franz-Josef Müller
Orthopädische Klinik
Am Mühlenberg
37235 Hessisch-Lichtenau

Konzeption der Typographie:
B. und H. P. Willberg, Eppstein/Ts.

Umschlag- und Textzeichnungen:
Friedrich Hartmann, Nagold

Die Deutsche Bibliothek – CIP-Einheitsaufnahme

Müller, Franz-Josef:
Kniegelenksendoprothesen : Operation, Vorbereitung und Nachsorge / Franz-Josef Müller. [Textzeichn.: Friedrich Hartmann]. – Stuttgart : TRIAS Thieme Hippokrates Enke, 1995

Wichtiger Hinweis: Wie jede Wissenschaft ist die Medizin ständigen Entwicklungen unterworfen. Forschung und klinische Erfahrung erweitern unsere Erkenntnisse, insbesondere was Behandlung und medikamentöse Therapie anbelangt. Soweit in diesem Werk eine Dosierung oder eine Applikation erwähnt wird, darf der Leser zwar darauf vertrauen, daß Autoren, Herausgeber und Verlag große Sorgfalt darauf verwandt haben, daß diese Angabe dem Wissensstand bei Fertigstellung des Werkes entspricht.
Für Angaben über Dosierungsanweisungen und Applikationsformen kann vom Verlag jedoch keine Gewähr übernommen werden. Jeder Benutzer ist angehalten, durch sorgfältige Prüfung der Beipackzettel der verwendeten Präparate und gegebenenfalls nach Konsultation eines Spezialisten festzustellen, ob die dort gegebene Empfehlung für Dosierungen oder die Beachtung von Kontraindikationen gegenüber der Angabe in diesem Buch abweicht. Eine solche Prüfung ist besonders wichtig bei selten verwendeten Präparaten oder solchen, die neu auf den Markt gebracht worden sind.
Jede Dosierung oder Applikation erfolgt auf eigene Gefahr des Benutzers. Autoren und Verlag appellieren an jeden Benutzer, ihm etwa auffallende Ungenauigkeiten dem Verlag mitzuteilen.

Printed in Germany
Satz und Druck:
Gulde-Druck GmbH,
72070 Tübingen
(Apple Macintosh Quadra 950)
Gedruckt auf chlorfrei gebleichtem Papier

ISBN 3-89373-284-5 1 2 3 4 5 6

Inhalt

Vorwort

In den letzten Jahren stieg das durchschnittliche Lebensalter in der Bundesrepublik Deutschland ständig an. Mit dem höheren Lebensalter haben auch die Verschleißerscheinungen an den Gelenken größere Bedeutung gewonnen. Auch das soziale Umfeld, gerade für ältere Menschen, hat sich entscheidend geändert. Das Streben nach Unabhängigkeit von der Hilfe Dritter und andere Gründe haben dazu geführt, daß immer mehr, vor allen Dingen ältere Menschen sich vor die Frage gestellt sehen, ob sie sich eine Knie-Endoprothese einsetzen lassen wollen.

Die Erfolge von Kniegelenksersatzoperationen haben sich in den letzten Jahren drastisch gebessert, so daß sich immer mehr Patienten zum Kniegelenksersatz wegen schwerster Verschleißerscheinungen entschließen. In der Orthopädischen Klinik Hessisch Lichtenau wurden z. B. 1994 mehr als 300 künstliche Kniegelenke eingesetzt.

Gerade die Kniegelenksoperation erfordert vom Patienten eine gute Mitarbeit. Sie wird um so besser sein, je besser der Patient über die Besonderheiten der Kniegelenkssituation informiert ist. Herr Dr. F.-J. Müller, Orthopädische Klinik Hessisch Lichtenau, hat dankenswerterweise das Ihnen vorliegende Heft erarbeitet. Aufgrund seiner umfangreichen Erfahrung in der operativen Behandlung von Kniegelenkserkrankungen und in der ebenso wichtigen Nachbehandlung ist es ihm gelungen, eine instruktive, dabei aber auch gut verständliche Anleitung zu erstellen. Ich danke ihm sehr für seine Arbeit und bin sicher, daß das vorliegende Heft unseren Patienten hilft, die immer vorhandenen Ängste besser zu überwinden und sich auf die bevorstehende Operation besser vorbereiten zu können.

Prof. Dr. B.-A. Blencke

Zu diesem Buch

Dieser Ratgeber wurde geschaffen, um unseren Patienten, aber auch ihren Angehörigen notwendige Informationen über den Kniegelenksersatz zu geben.

Zunächst wird die Zeit vor der Operation geschildert. Diese Hinweise erlauben Ihnen, sich auf die Operation vorzubereiten sowie Art und Umfang der Kniegelenksersatzoperation kennenzulernen.

Es wird ferner der Zeitraum der postoperativen Behandlung dargestellt, und es werden Ihnen Ratschläge gegeben, wie Sie möglichst schnell eine gute Gebrauchsfähigkeit des Kniegelenks erreichen. Schließlich soll Ihnen dieser Ratgeber Tips für den richtigen Gebrauch des operierten Beins geben.

Auch wird erläutert, welche Tätigkeiten und welcher Sport nach einer Kniegelenksoperation ausgeübt werden können.

Vor der Operation

Allgemeine Hinweise

In der Regel ist der Kniegelenksersatz ein Eingriff, den der Patient und der Arzt schon längere Zeit in Erwägung gezogen haben.

Die meisten Patienten leiden seit Jahren unter Schmerzen und einer Bewegungseinschränkung des erkrankten Kniegelenkes. Der Entschluß zur Operation wird erfahrungsgemäß erst sehr spät gefaßt.

Wenn sich nach einer längeren Behandlung gezeigt hat, daß krankengymnastische Übungen, Packungen, Bestrahlungen, Medikamente oder auch besondere Bandagen ohne Erfolg geblieben sind, wird eine Kniegelenksersatzoperation unvermeidbar.

Ein weiterer Grund sind die erheblichen Einbußen der Lebensqualität, die durch die Kniegelenksbeschwerden verursacht werden.

Die Entscheidung zur Operation wird meist aufgrund quälender, nicht beeinflußbarer Knieschmerzen getroffen.

Den Patienten, die zwar ihr Kniegelenk nicht mehr so wie früher bewegen können, die aber kaum Beschwerden haben, wäre nur dann ein Kniegelenksersatz zu empfehlen, wenn die Bewegungseinschränkung so schwerwiegend ist, daß schwere Behinderungen beim Gehen und bei den Verrichtungen des täglichen Lebens bestehen.

Der entscheidende Grund für den Entschluß zur Operation sollte somit der durch andere Maßnahmen nicht zu beseitigende Kniegelenksschmerz sein.

Besteht aufgrund der Schmerzen, der Bewegungseinschränkung, des Alters und auch des Röntgenbefundes Klarheit darüber, daß nur noch ein künstlicher Kniegelenksersatz helfen kann und andere konservative und operative Maßnahmen keinen anhaltenden Erfolg versprechen, so wird ein Termin zur stationären Aufnahme festgelegt.

Vor der stationären Aufnahme sollte der Hausarzt oder der Internist die Operations- und Narkosefähigkeit abklären.

Nur so ist es möglich, vor der beabsichtigten Operation eventuelle Risiken zu erkennen und gegebenenfalls mit Medikamenten und anderen Maßnahmen eine Verbesserung des körperlichen Zustandes zu erreichen.

So sollte z.B. eine eventuelle Zuckerkrankheit oder ein Bluthochdruck optimal eingestellt sein. Bei Herzkranken muß die Belastungsfähigkeit von Herz und Kreislauf überprüft werden.

Bei stark Übergewichtigen ist eine deutliche, aber nicht zu sehr belastende Gewichtsabnahme zu empfehlen. So werden die Operation und die Nachbehandlung erleichtert und das Operationsrisiko verringert. Es ist unter Umständen sinnvoll, die Operation um einige Monate zurückzustellen, um das Gewicht mit einer wirkungsvollen Diät zu vermindern und dem Normalgewicht zu nähern.

Bestehen entzündliche Hautveränderungen, z.B. an den Beinen oder gar im Kniegelenksbereich, so darf die Operation erst dann vorgenommen werden, wenn diese Hautveränderungen vollständig abgeheilt sind, da sonst die Gefahr einer Infektion im Operationsbereich besteht.

Erkältungskrankheiten, Harnwegsentzündungen und andere Infekte sollten vor der Operation ebenfalls vollständig abgeklungen sein.

Auch in diesen Fällen sollte der Termin zur stationären Aufnahme verschoben werden.

Stationäre Aufnahme

Wir bitten Sie, zur stationären Aufnahme einige Unterlagen mitzubringen. Dazu gehören

- die in den letzten Jahren erhobenen ärztlichen Befunde,
- das Ergebnis der präoperativen Laboruntersuchungen,
- das zuletzt angefertigte EKG und
- insbesondere die Röntgenaufnahmen. Auch etwas ältere Aufnahmen oder auch Aufnahmen anderer Körperregionen, die notwendig wurden, können uns zu Ihrer Sicherheit wichtige Informationen geben.
- Wenn Sie diese Befunde zur stationären Aufnahme mitbringen, können Sie unnötige und zeitaufwendige Doppeluntersuchungen vermeiden.

Am Aufnahmetag erfolgt nach den leider unvermeidlichen Aufnahmeformalitäten eine nochmalige gründliche Untersuchung durch die Stationsärztin / den Stationsarzt.

Anhand des erhobenen Untersuchungsbefundes, der Röntgenaufnahmen sowie anderer wichtiger Umstände (Gewicht, Alter, Beruf, sportliche Betätigung usw. ...) wird der für Sie geeignete Kniegelenksersatz ausgewählt.

Sie erhalten einen Aufklärungsbogen, in dem ausführlich die wichtigsten Merkmale der Kniegelenksoperation dargestellt sind.

Dieser Aufklärungsbogen soll auch dazu dienen, daß Sie im Gespräch mit dem Stationsarzt offene Fragen über das Operationsverfahren, allgemeine Behandlungsergebnisse und Kniegelenksoperation selbst gezielt besprechen können.

Auch aus rechtlichen Gründen ist eine solche Aufklärung unerläßlich. Wir bitten Sie, alle Ihre Fragen mit uns zu besprechen. Wir können so das notwendige gegenseitige Vertrauen schaffen.

Vor der Operation kommt die Narkoseärztin/der Narkosearzt zu Ihnen. Sie / Er bespricht alles, was ihr /sein Fachgebiet berührt, wird Sie noch einmal intensiv untersuchen und Sie über das zu empfehlende Narkoseverfahren beraten.

Die für die Operation notwendige Schmerzfreiheit ist grundsätzlich durch verschiedene Narkoseverfahren erreichbar. Bei Kniegelenksoperationen wählt man üblicherweise eine Allgemeinnarkose oder eine Betäubung, die nur den Hüftbereich und die Beine betrifft.

Der Ablauf einer Allgemeinnarkose ist heute wohl allgemein bekannt. Über die Betäubung im Hüft- und Beinbereich bestehen hingegen häufig noch Unklarheiten.

Dieses Verfahren – Spinalnarkose oder nicht ganz richtig Rükkenmarksbetäubung genannt – ist sehr verbreitet und hat einige bedeutende Vorteile gegenüber der Allgemeinnarkose.

Bei diesem Betäubungsverfahren wird durch die Injektion eines örtlichen Betäubungsmittels in die Umgebung der Nervenfasern (aber nicht des Rückenmarks!) im Lendenwirbelsäulenbereich Schmerzausschaltung erreicht. Dieses Verfahren ist kreislaufschonend. Es ist risikoärmer als die Allgemeinnarkose und hat den Vorteil, daß die Schmerzausschaltung über die Operation hinaus anhält und der Patient über mehrere Stunden nach der Operation keine Schmerzen hat.

Viele Patienten haben Angst vor den unvermeidlichen Geräuschen der Operation und der motorgetriebenen Instrumente sowie vor der Gesamtatmosphäre des Operationsbetriebes. Durch entsprechende Medikamente kann jedoch auf Wunsch diese Angst weitgehend abgemildert werden. Sie haben bei dieser Narkoseform auch die Möglichkeit, über Kopfhörer Musik Ihrer Wahl zu hören. Dies ist sehr beruhigend für Sie. Die leider unvermeidbaren Geräusche im Operationssaal werden durch die Musik weitestgehend ausgeschaltet, so daß auch in dieser Richtung etwas besorgte Patienten durchaus die Spinalnarkose wählen können. Dies haben uns viele Patienten bestätigt, indem sie für die Operation des anderen Kniegelenkes wieder diese Narkoseform gewählt haben.

Anatomie des Kniegelenkes

Das Kniegelenk ist neben dem Hüftgelenk das zweite große Gelenk des menschlichen Körpers, das sowohl für das Stehen, das Aufrichten und vor allem den Gehvorgang eine herausragende Stellung hat.

Das Kniegelenk ist die Verbindung zwischen Ober- und Unterschenkel; es ermöglicht in diesem Beinabschnitt die Beweglichkeit und ist somit für das Gehen von sehr großer Bedeutung. Ein steifes Kniegelenk stört den Menschen oft im alltäglichen Leben mehr als ein steifes Hüftgelenk.

Der Oberschenkelknochen hat zwei Rollen: die innere und äußere Knierolle.

Diese haben mit ihrem Knorpelbelag Kontakt zum inneren und äußeren Schienbeinkopf, der wiederum von einer dicken Knorpelschicht überzogen ist. Das Knie wird gehalten durch die Bänder des Kniegelenkes: das innere und äußere Seitenband sowie die beiden Kreuzbänder, die im Kniegelenk liegen. Zwischen Oberschenkelrolle und Schienbeinkopf sind zwei apfelsinenscheibenförmige Menisci gelegen. Sie verbessern den Halt des Kniegelenkes und führen zu einer günstigeren Überleitung der Kraft zwischen Ober- und Unterschenkel.

Die Streckung des Kniegelenkes wird erreicht durch den Oberschenkelstreckmuskel, der an der Kniescheibe ansetzt. Die Kniescheibe dient als Umlenkrolle, über die mit Hilfe des Kniescheibenbandes die Kraft auf den Unterschenkel übertragen wird.

Die Beugung des Kniegelenkes erfolgt durch die Beugemuskulatur, die sich auf der Rückseite des Oberschenkels befindet.

Das Kniegelenk wird in drei Gelenkabschnitte eingeteilt, die jedoch miteinander in Verbindung stehen:

Der vordere Gelenkabschnitt

Er umfaßt die Unterseite der Kniescheibe und das Gleitlager zwischen den Oberschenkelrollen.

Der innere Gelenkabschnitt

Er liegt zwischen innerer Oberschenkelrolle und innerem Schienbeinkopf und schließt den Innenmeniskus ein.

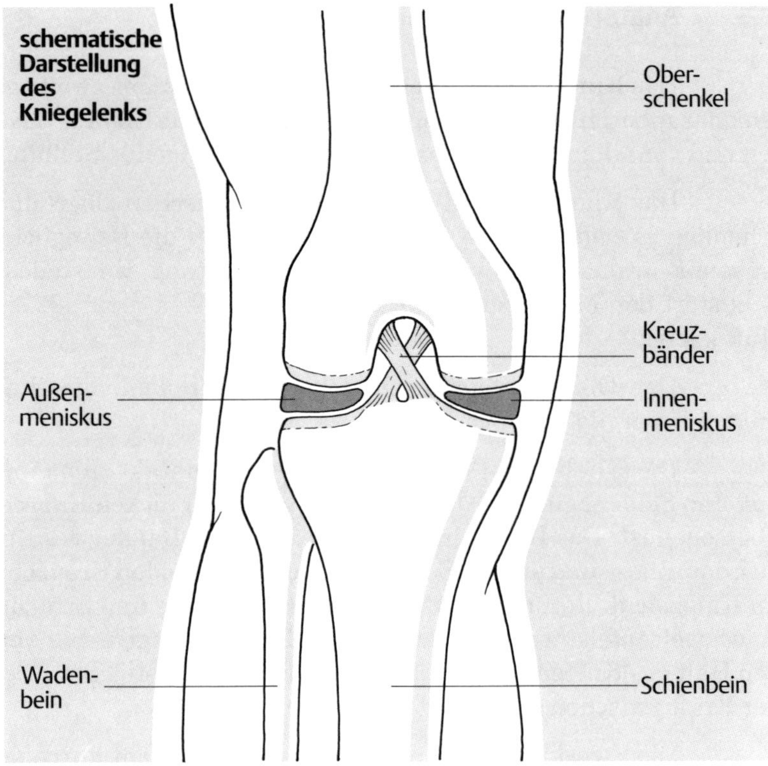
schematische Darstellung des Kniegelenks
Ober-
schenkel
Kreuz-
bänder
Außen-
meniskus
Innen-
meniskus
Waden-
bein
Schienbein

Der äußere Gelenkabschnitt

Er ist zwischen äußerer Oberschenkelrolle und äußerem Schienbeinkopf gelegen und schließt den Außenmeniskus ein.

Die Einteilung in mehrere Gelenkabschnitte ist deswegen sinnvoll, weil bei Erkrankung oder Verschleiß eines Gelenkabschnittes auch nur dieser isoliert durch ein Kunstgelenk ersetzt werden kann.

Der Bewegungsablauf des gesunden Kniegelenkes ist komplizierter als zum Beispiel bei der Hüfte. Es handelt sich bei der Streckung und Beugung nicht um eine einfache Bewegung wie zum Beispiel in einem Scharniergelenk, sondern das Kniegelenk hat eine gleitende Gelenkachse, die in fünf Freiheitsgraden bewegt werden kann. Im wesentlichen handelt es sich um eine Roll-Gleitbewegung des Oberschenkels auf dem Unterschenkel. Dabei sind insbesondere bei der Beugung des Kniegelenkes leichte Drehbewegungen nach außen und innen möglich. Bei voller Streckung sind diese Beweglichkeiten aus Gründen der Stabilität gesperrt.

Die Kniegelenksarthrose (Gonarthrose)

Wie wir oben dargestellt haben, ist das Kniegelenk ein kompliziert aufgebautes Gelenk mit mehreren Gelenkabschnitten. Alle drei Gelenkabschnitte können einzeln oder zusammen erkrankt sein.

Die Arthrose des Kniegelenkes beruht auf Abnutzung des Gelenkknorpels, z. B. in Folge von Fehlbelastung durch Verformung des Beines (z. B. O-Bein oder X-Bein) bzw. durch alte Verletzungen oder Entzündungen.

Eine Heilung oder Besserung läßt sich durch Medikamente, orthopädische Apparate oder physikalische Therapie (z. B. Massagen oder Bäder) oft nicht mehr erreichen. Dann können nur operative Maßnahmen Ihre Beschwerden bessern.

Zunächst wird versucht, die Beschwerden durch gelenkerhaltende Operationen günstig zu beeinflussen.

Bei nur teilweiser und geringgradiger Zerstörung des Gelenkes kann versucht werden, durch eine Umstellungsoperation mit Veränderung der Beinachse die Gelenkbelastung zu verändern und damit die Beschwerden zu mindern. Ist jedoch der Gelenkknorpel durch die fortgeschrittene Arthrose sehr stark zerstört, kann nur noch der künstliche Kniegelenksersatz eine dauernde Linderung der Beschwerden ermöglichen.

Der künstliche Kniegelenksersatz

Allgemeines

Daß eine erkrankte Hüfte durch eine Hüftendoprothese ersetzt werden kann, ist heutzutage allgemein verbreitet.

Das Wissen über ein künstliches Kniegelenk ist nicht so allgemein verbreitet, da diese Operationen noch nicht so lange durchgeführt werden. Auch ist die Zahl der eingesetzten Knieprothesen deutlich geringer als die der Hüftprothesen.

Heute beträgt die Anzahl der Kniegelenksoperationen etwa 25 % der Hüftgelenksoperationen; 1989 wurden in Deutschland bereits 65000 künstliche Hüftgelenke und 15000 künstliche Kniegelenke eingesetzt.

Wegen des komplizierten Aufbaus des Kniegelenkes wurden die Kniegelenksoperationen erst zu einem späteren Zeitpunkt in nennenswertem Umfang durchgeführt: So wurden 1974 in der Bundesrepublik lediglich 5000 künstliche Kniegelenke eingebaut; die Zahl hat sich in nur 15 Jahren auf das Dreifache gesteigert. Es kann schon gesagt werden, daß sich der Kniegelenksersatz ebenso bewährt hat wie der Hüftgelenksersatz.

Beim Kniegelenksersatz muß berücksichtigt werden, daß das Kniegelenk im Vergleich zu den anderen großen Gelenken – wie dem Hüftgelenk – nur einen geringen Weichteilmantel hat und damit dem Risiko einer Entzündungsgefahr im besonderen Maße ausgesetzt ist.

Beim Gehen sind die auf das Kniegelenk einwirkenden Kräfte höher und andersartig als bei den Hüftgelenken. Die Kniebänder sind für die Führung des Gelenkes von großer Bedeutung. Auch muß der komplizierte Bewegungsablauf des Kniegelenkes bei dem Einsetzen einer Prothese berücksichtigt werden.

Das künstliche Kniegelenk

Es gibt eine Vielzahl von künstlichen Kniegelenken. Im Prinzip kann gesagt werden, daß die künstlichen Gelenke ähnlich aufgebaut sind wie das menschliche Kniegelenk und dazu dienen, die jeweils zerstörten Gelenkanteile zu ersetzen.

Die Auswahl des für den Patienten geeigneten Kniegelenkes ist abhängig von Art und Ausmaß der Kniegelenkszerstörung: Es ist von Bedeutung, ob nur ein oder mehrere Gelenkabschnitte zerstört sind und inwieweit der Kniebandapparat erhalten ist.

Da alle Kniegelenksendoprothesen-Typen prinzipiell aus den gleichen Materialien und in einer ähnlichen Form aufgebaut sind, soll zunächst einiges Grundsätzliches über Material und Operationsmethoden gesagt werden.

Werkstoffe, aus denen künstliche Kniegelenke bestehen

Da an die künstlichen Kniegelenke sehr hohe Anforderungen gestellt werden müssen, sind bei der Auswahl der Werkstoffe sehr enge Grenzen gesetzt.

Es können nur die Materialien eingesetzt werden, die sich als geeignet für diese Dauerbelastungen erwiesen haben.

Alle Werkstoffe müssen hochgradig verschleißbeständig sein und eine hohe mechanische Belastbarkeit aufweisen, so daß sie viele Jahre halten. Ein Bruch des Prothesenmaterials ist kaum noch zu befürchten.

In der Regel sind alle künstlichen Kniegelenke zusammengesetzt aus einem oberen Gelenkanteil, der die Oberschenkelrolle ersetzt. Für dieses Material wird eine Kobalt-Chrom- und Molybdänlegierung verwendet; es ist das Material, das in der Endoprothetik des menschlichen Körpers neben den Titanlegierungen die meiste Verwendung findet.

Der Schienbeinkopf wird in der Regel durch eine Gleitfläche aus Polyäthylenkunststoff ersetzt, die meist mit einem Metallkäfig ummantelt wird.

Die Form der Endoprothese lehnt sich an die natürliche Form des Kniegelenkes an, jedoch sind bedingt durch die Werkstoffe und die Operationstechnik einige Abweichungen erforderlich, insbesondere was die Verankerung der Prothesenteile im Knochen betrifft.

Es gibt heute zahlreiche Prothesentypen, die sich jedoch oft nur durch geringe Konstruktionsänderungen voneinander unterscheiden.

Bei allen Prothesentypen ist es üblich, daß sie in zahlreichen Größen im Sinne eines Baukastensystems hergestellt werden. Die Größen sind an den normalen Größen des menschlichen Kniegelenkes orientiert. Der Operateur kann anhand eines Röntgenbildes, das vor der Operation angefertigt wird, sowie mit Schablonen, die während der Operation an den Knochen angelegt werden, den passenden Kniegelenksersatz aussuchen.

Die Knieprothese wird meist durch sogenannten Knochenzement verankert. Dieser Zement ist ein Kunststoff mit dem Namen

Metacrylat, dem oft ein Antibiotikum zur Vorbeugung von Infekten beigefügt wird. Er härtet nach seiner Anmischung innerhalb von 10 bis 12 Minuten aus und führt zu einer festen Verbindung der Prothese mit dem Knochen. Sie können diesen Knochenzement am ehesten mit den Plomben vergleichen, die der Zahnarzt zur Auffüllung Ihrer Zahnlücken verwendet. Die Verbindung zwischen Knochenzement und Knochen sowie Prothese ist schon nach Aushärtung des Zementes fest.

Nach sehr langer Verweildauer des Zementes im Körper, d.h. nach mehreren Jahren, kann es zu einer Schädigung des Knochens kommen, die zu einer Auslockerung der Prothese führt.

Zementfreie Knieendoprothesen

Seit mehr als 10 Jahren kennt die Medizintechnik mit dem Titan einen neuen Werkstoff, der nicht nur die hohen Belastungen, die an eine Kniegelenksendoprothese gestellt werden, erfüllen kann, sondern auch vom menschlichen Körper gut angenommen wird.

Es wurde somit verstärkt möglich, Knieprothesen auch zementfrei einzusetzen. Die Prothese wird verankert durch Schrauben, Dübelsysteme oder eine besonders rauhe Oberfläche, in die der Knochen einwachsen kann. Bei jüngeren Patienten, bei denen die oben beschriebene Gefahr der Schädigung durch den Knochenzement nach langjährigem Einsatz besteht, wird heute deswegen zunehmend die Knieprothese zementfrei verankert.

Aus verschiedenen Gründen ist aber weltweit die Entscheidung, welche Methode besser ist, noch nicht endgültig gefallen. Es muß sicher noch Jahre abgewartet werden, bis etwa gleichwertige Erfahrungen mit zementierten und zementfreien Endoprothesensystemen vorliegen. Erst danach kann gesagt werden, ob sich die zementfreien Prothesen in gleichem Maße bewähren wie die zementierten Prothesen.

Eines scheint jedoch sicher zu sein: Bei einem eventuell notwendigen Prothesenwechsel ist der Wechsel von zementfrei eingesetzten Prothesen meist bedeutend einfacher als von einzementierten Prothesen.

Nach wie vor ist aber davon auszugehen, daß die zementierte Prothese das Standardverfahren für den Kniegelenksersatz ist. Die zementierte Endoprothese ist, wie man in Amerika sagt, der Goldstandard, an dem alle anderen Prothesensysteme gemessen werden müssen.

Zusammenfassend ist zu der Frage zementierte oder unzementierte Prothese zu sagen, daß heute in vielen Kliniken Patienten unter 60 Jahren mit guter Knochenqualität mit einem vollständig zementfreien Prothesensystem versorgt werden, während Patienten über 60 Jahren ein vollständig oder teilweise zementiertes System erhalten. Jedoch hat das biologische Alter, die Knochenform und die zu erwartende Belastung einen erheblichen Einfluß auf die Auswahl des Prothesensystems.

Abhängig davon, wie weit das Kniegelenk zerstört worden ist, müssen unterschiedliche Prothesentypen eingesetzt werden. Das Grundprinzip ist, daß der kleinstmögliche operative Eingriff gewählt wird.

Es gibt drei Haupttypen der Knieendoprothese: Ihr Arzt wird Ihnen sagen, welcher Typ für Sie der geeignete ist, so daß für Sie lediglich der entsprechende Abschnitt von Bedeutung ist.

Teilweiser Gelenkersatz

Wir haben von den verschiedenen Gelenkabschnitten des Körpers gesprochen, die durch Verschleiß zerstört werden können.

Am häufigsten ist der innere Gelenkanteil des Kniegelenkes zerstört. Der Bandapparat des Kniegelenkes sowie der äußere Gelenkanteil und die Kniescheibe sind oft weitgehend erhalten; dann muß nur der zerstörte Gelenkanteil ersetzt werden.

In diesem Fall kommt die sogenannte Schlittenprothese zur Anwendung.

Wie Sie auf dem Bild (S. 24) sehen können, hat der auf die Oberschenkelrolle aufgesetzte Prothesenanteil die Form eines Schlittens.

Er gleitet beim Bewegen des Kniegelenkes auch ähnlich wie ein Schlitten auf dem Kunststoffblock, der auf den Schienbeinkopf aufgesetzt wurde. Ein Achsfehler des Beines kann durch die Wahl einer entsprechenden Höhe des Blocks weitgehend ausgeglichen werden, auch kann durch einen entsprechenden hohen Block ein lockeres Band ge-

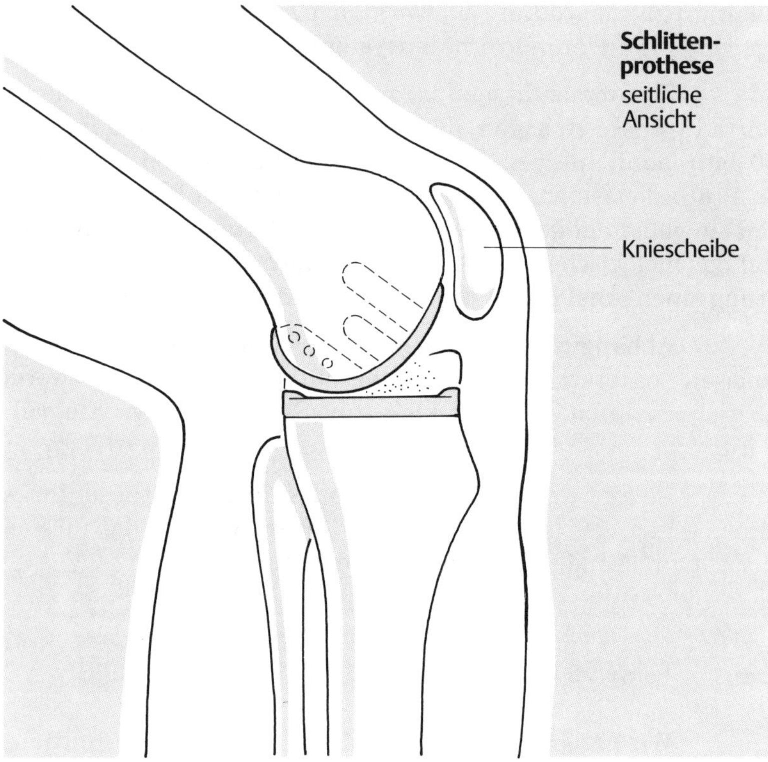
Schlitten-prothese
seitliche Ansicht
Kniescheibe

strafft werden. Die Metallkufe am Oberschenkel sowie der Kunststoffblock auf dem Schienbeinkopf werden fast ausschließlich durch Knochenzement am Knochen befestigt.

Bei dieser Operation muß nur wenig körpereigenes Gewebe wie Meniskusreste, Knorpel und Knochenzacken entfernt werden; Operationsumfang, Blutverlust und Infektionsrisiko sind deswegen relativ gering.

Ein weiterer Vorteil der Schlittenprothese ist, daß man später, falls es zu einer Lockerung der Prothese kommen sollte, noch so viel körpereigenes Knochenmaterial zur Verfügung hat, daß man bei der Wechseloperation relativ problemlos die Schlittenprothese gegen ein anderes Knieprothesenmodell austauschen kann.

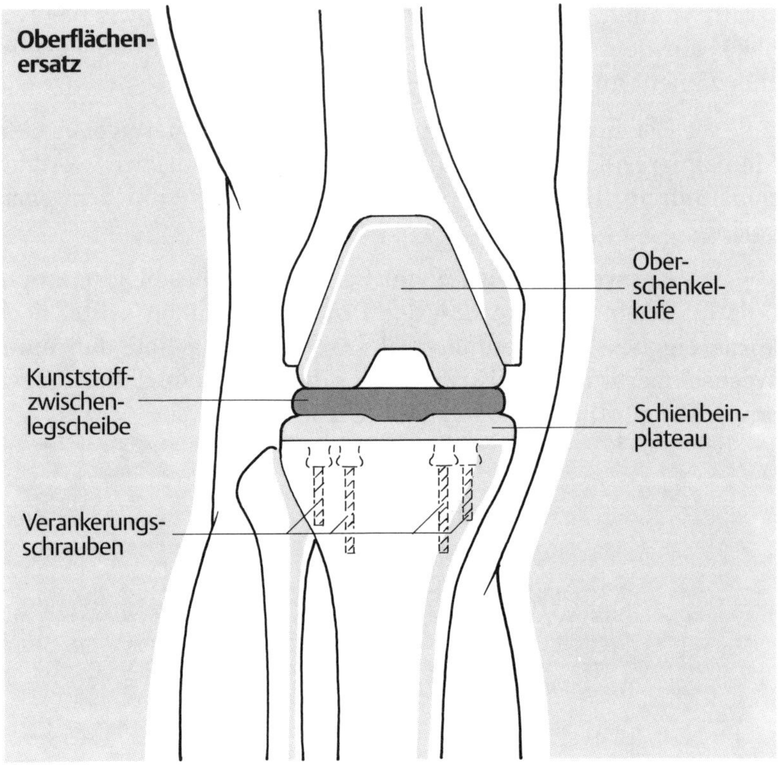
Oberflächen-
ersatz
Ober-
schenkel-
kufe
Kunststoff-
zwischen-
legscheibe
Schienbein-
plateau
Verankerungs-
schrauben

Der Oberflächenersatz

Sind zwei oder drei Kniegelenksabschnitte durch die Arthrose schwer verändert, so müssen alle veränderten Anteile durch eine Prothese ersetzt werden, um Beschwerdefreiheit zu erreichen.

Sind die Bänder des Kniegelenkes noch fest, kann dies durch einen sogenannten Oberflächenersatz erreicht werden.

Ähnlich wie bei der Schlittenprothese wird die Oberschenkelrolle durch Metallkufen ersetzt, die dem Kniegelenk nachgeformt sind, während der Schienbeinkopf durch einen Kunststoffblock überdeckt wird. Es kann auch die Unterseite der Kniescheibe durch ein Kunststofflager ersetzt werden.

Der Zusammenhalt der Prothesenteile erfolgt durch die Bänder sowie den Zug der Muskeln; es handelt sich somit um eine ungekoppelte Prothese.

Wenn man sich das Bild ansieht, kann man leicht verstehen, daß mit dieser ungekoppelten Prothese der natürliche Bewegungsablauf des Kniegelenkes nachgeahmt wird, da ja im Prinzip nur die Oberflächen des Kniegelenkes durch eine Kufe aus Metall und ein Gleitlager aus Kunststoff ersetzt sind.

Gerade bei diesem Prothesentyp wird häufig zementfrei operiert, da diese Prothesen oft schon bei Menschen mittleren Lebensalters erforderlich werden.

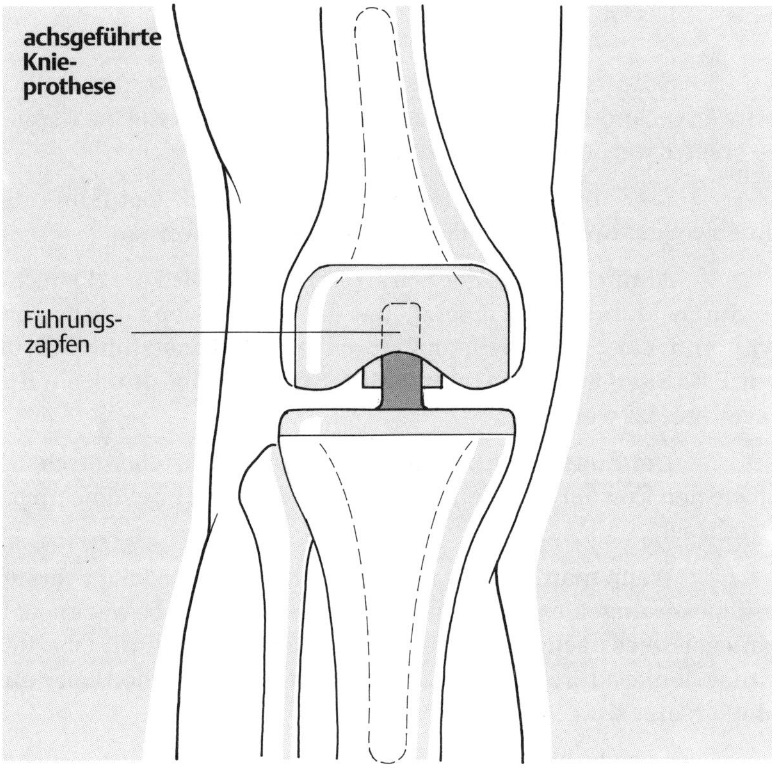
achsgeführte Knie-prothese
Führungs-zapfen

Der vollständige achsgeführte Gelenksersatz

Sind sowohl der Gelenkknorpel als auch die Bänder durch Arthrose oder durch einen Unfall zerstört, so muß die Prothese auch die Funktion der Bänder übernehmen. In diesem Fall wird eine gekoppelte Prothese verwandt, die Oberschenkel und Unterschenkel durch eine bewegliche Achse miteinander verbindet.

Wie das Bild zeigt, muß bei der Implantation einer solchen Knieprothese mehr Knochensubstanz entfernt werden als bei den vorher genannten Prothesenformen. Da der natürliche Bewegungsablauf des Kniegelenkes (Roll-Gleitvorgang) wegen der starren Achse nicht mehr durchgeführt werden kann, wird die Biomechanik des Kniegelenkes erheblich beeinflußt.

Ein weiterer Nachteil dieses achsgeführten Kniegelenksmodells ist, daß es im Falle einer Entzündung oder Lockerung kaum noch Rückzugsmöglichkeiten gibt. Muß die achsgeführte Knieprothese ausgebaut werden, bleibt ein erheblicher Knochendefekt. Ist der Wiedereinbau einer achsgeführten Knieprothese nicht möglich, dann bleibt als letzte Möglichkeit die Versteifung des Kniegelenkes, wobei eine erhebliche Beinverkürzung von bis zu 5 cm und mehr entstehen kann oder – extrem selten – bei Patienten über 75 Jahren eine Amputation notwendig ist.

Es ist somit für den Patienten günstiger, wenn er schon in einem früheren Stadium entweder eine gelenkerhaltende Operation, die Versorgung mit einer Schlittenprothese oder einem Oberflächenersatz durchführen läßt und so schwere Gelenkzerstörungen vermeidet.

In der Regel wird eine achsgeführte Knieprothese nur bei Patienten über 70 Jahren eingebaut. Man erreicht mit dieser Prothese in einem hohen Maße Beschwerdefreiheit, und die Patienten sind meist sehr zufrieden, zumal sie vorher durch die schwere Arthrose unter starken Schmerzen gelitten haben.

Wie wird ein künstliches Kniegelenk eingesetzt?

Im folgenden soll der Operationsablauf beschrieben werden.

Es wird für alle Knieprothesen üblicherweise der gleiche Zugang zum Kniegelenk verwandt:

Das Knie wird von vorn eröffnet und das Knie so weit gebeugt, bis alle Anteile des Kniegelenkes gut eingesehen werden können.

Je nach Prothesentyp unterscheidet sich nun das operative Vorgehen, jedoch wird im Prinzip gleich verfahren:

Zunächst wird der zu ersetzende Gelenkanteil von Knorpelresten befreit und Knochenzacken abgemeißelt. Sind die Menisci noch teilweise vorhanden, müssen sie ebenfalls entfernt werden. Dann wird aus dem wie ein Baukasten aufgebauten Prothesensystem die passende Schablone ausgesucht und der Knochen sparsam der entsprechenden Prothesenform angeglichen. Meist müssen zusätzlich Verankerungsmöglichkeiten in den Knochen gebohrt oder geschnitten werden. Nachdem durch einen Probelauf mit entsprechenden Probierprothesen sich gezeigt hat, daß die Prothese korrekt sitzt und eine gute Beweglichkeit des Kniegelenkes ermöglicht, wird die Originalprothese mit Knochenzement verankert.

Da die Operation unter Blutleere durchgeführt wird, wird dann die Staubinde abgenommen und kleinere Blutungen gestillt. Nun werden meistens drei Drainagen eingelegt, um einen Abfluß für das Blut zu schaffen, das sich bei jeder Operation ansammelt, und das Knie wird schichtweise wieder zugenäht.

Bei dieser Operation in Blutleere verliert man bei einem künstlichen Kniegelenksersatz im Gegensatz zu der Hüftgelenksoperation normalerweise weniger Blut. Vor allem bei den zementfreien Oberflächenersatzoperationen kann es jedoch in den folgenden Tagen aus den Knochenflächen noch nachbluten. Die Eigenblutspende ist bei diesen Operationen jedoch in der Regel nicht erforderlich.

Wird ein Oberflächenersatz oder eine achsgeführte Knietotalendoprothese eingesetzt, so wird die Operation meist unter Antibiotikaschutz durchgeführt. Sie erhalten am Operationstag ein Antibiotikum als Kurzinfusion; so kann das Risiko einer Frühinfektion der Knieprothese deutlich verringert werden.

Über mögliche Komplikationen bei der Knieprothesenoperation

Jede Operation – auch die kleinste – hat ein gewisses Risiko. Wir können Ihnen daher auch den Erfolg des Kniegelenksersatzes und eine absolute Risikofreiheit nicht garantieren.

Die allgemeinen Gefahren operativer Eingriffe wie die Thrombose (Bildung von Blutgerinnseln), Embolien (Blutgefäßverschlüsse durch Blutgerinnsel), Infektionen oder Verletzungen von Blutgefäßen oder Nerven sind dank der Fortschritte der Medizin und der umfangreichen Erfahrungen mit Kniegelenksersatzoperationen jedoch nicht häufig.

Thrombose und Embolie

Die Thrombose ist eine Bildung von Blutgerinnseln meist in den Beinvenen. Löst sich das Gerinnsel, so gelangt es mit dem venösen Blut in die Lunge; dieser Vorgang wird Lungenembolie genannt.

Die wichtigsten Vorbeugungsmaßnahmen sind das frühzeitige Aufstehen und die Muskelanspannungen, die den Rückfluß des Blutes fördern.

Deswegen werden unmittelbar nach der Operation entsprechende Übungen mit Ihrer Krankengymnastin durchgeführt. Sie sollten auch bereits wenige Tage nach der Operation aufstehen.

Eine weitere Maßnahme zur Vorbeugung von Thrombosen und Embolien ist die Versorgung mit Kompressionsstrümpfen. Wir setzen heute aber auch regelmäßig Medikamente ein, die zu einer Minderung der Blutgerinnungsfähigkeit führen. Der Erfolg derartiger Behandlungen ist statistisch gesichert, jedoch nicht vollständig risikolos. Die Gefahr von Blutungen im Wundgebiet, wenn auch in geringem Ausmaß, ist gegeben.

Entzündungen

Wie bei jeder anderen Operation können auch bei Operationen im Knochen- oder Gelenkbereich Entzündungen auftreten.

Diese Entzündungen sind leider unvermeidbar und beruhen häufig auf besonderen Umständen wie einer geschwächten Abwehrlage des Körpers. Nicht ganz ohne Bedeutung ist auch, daß bei dem Kniegelenksersatz körperfremdes Material – Metall und Kunststoff – in den Körper eingebracht werden.

Beim Auftreten einer Entzündung sind Ruhigstellung, Kühlung und Antibiotika und oft auch operative Eingriffe bis zum Ausbau der Knieprothese erforderlich.

Nach Ausheilung kann dann aber meist ein künstliches Kniegelenk wiedereingesetzt werden. Nur in wenigen Fällen, wenn zuviel Knochenmaterial zerstört ist und das Wiederaufflammen einer Entzündung befürchtet wird, muß das Kniegelenk versteift werden.

Sonstige Komplikationen

Bei Kalkmangel (Osteoporose), schweren Verformungen des Knochens oder bei Vernarbungen, insbesondere bei einem eventuellen Austausch des Kunstgelenkes, kann der Knochen während der Operation einbrechen. Zusätzliche Operationsmaßnahmen sind dann erforderlich.

Nerven- und Gefäßschädigungen sind extrem selten und beruhen dann meist auf besonderen anatomischen Verhältnissen. Probleme, die bei der Implantation einer Knieprothese auftreten können, haben ihre Ursache in der komplizierten Anatomie des Kniegelenkes.

Sind z.B. die Kniebänder schon vor der Operation geschädigt, kann auch nach der Kniegelenksoperation eine geringe Instabilität des Kniegelenkes verbleiben; dies wird jedoch vom Patienten meist problemlos toleriert. Es ist auch möglich, daß die Kniescheibe nicht genau in dem Gleitlager der künstlichen Knieprothese läuft; dann muß in manchen Fällen ein seitliches Halteband der Kniescheibe durchtrennt oder der knöcherne Ansatz der Kniescheibensehne verlagert werden.

Ein relativ häufiges, jedoch harmloses Problem tritt in den ersten zwei Wochen nach der Knieprothesenoperation auf: Da im Gelenk nach der Operation sich trotz Drainagen Blut ansammelt, kann es leicht zu Verklebungen der Knieschleimhaut kommen, wenn direkt nach der Operation nicht ausreichend bewegt wird.

Diese Verklebungen können sich zu festen Narbensträngen verhärten, dann ist eine weitere Verbesserung der Kniebeweglichkeit trotz intensivster krankengymnastischer Behandlungen nicht mehr zu erreichen. Deswegen ist es dann nötig, in einer kurzen Narkose das Kniegelenk durchzubewegen, um so die Verklebungen zu lösen. Dieser Vorgang wird Narkosemobilisation genannt.

Kalkeinlagerungen in Muskeln oder Geweben werden nach Kniegelenksoperationen nur sehr selten beobachtet. Sie können Bewegungseinschränkungen oder Beschwerden verursachen.

Das künstliche Kniegelenk kann bedenkenlos vernünftig belastet werden. Eine gute muskuläre Führung und ein fester Knochen garantieren eine lange Haltbarkeit des Gelenkes. Schwere und schwerste körperliche Arbeiten sollten nach der Kniegelenksoperation nicht mehr durchgeführt werden.

Nach mehr als 15 Jahren Erfahrungen mit Kniegelenksersatzoperationen in unserer Klinik wissen wir, daß die Behandlung gute Erfolgsaussichten hat. Sie beseitigt oder lindert die Beschwerden und verbessert die Beweglichkeit des Gelenkes.

In aller Regel kann der Patient nach Abschluß der Behandlung wieder ohne Beschwerden gehen und die Leistungen des täglichen Lebens erbringen, die seinem Alter angemessen sind.

Sollte sich das Kunstgelenk aufgrund besonderer Umstände oder nach dem Erreichen einer erwarteten Lebensdauer der Endoprothese von etwa 12 Jahren lockern, kann das künstliche Kniegelenk ausgewechselt werden.

Aufgrund besonderer Umstände ist es möglich, daß die Prothese sich auch bereits vor dieser Zeit lockert. Verantwortlich hierfür sind neben einem Materialverschleiß durch zu große Belastung eine herabgesetzte Knochenfestigkeit, aber auch eine erst nach Monaten oder Jahren auftretende Entzündung im Bereich des künstlichen Kniegelenkes.

Regelmäßige Röntgenkontrollen in Abständen von zunächst einem und dann von 2 bis 3 Jahren sind erforderlich, um rechtzeitig eine beginnende Prothesenlockerung zu erkennen.

Je früher dann die Wechseloperation vorgenommen wird, um so besser sind die Einheilungschancen für ein zweites künstliches Kniegelenk; auch kann bei rechtzeitiger Operation eine Schädigung des Knochens durch die gelockerte Knieprothese vermieden werden.

Das erste Zeichen für eine Prothesenlockerung sind Beschwerden im Kniebereich. Es ist aber grundsätzlich falsch, anzunehmen, daß jeder Schmerz im operierten Bein auf eine Lockerung der Kniegelenkendoprothese hindeutet. In den allermeisten Fällen sind es Muskelverspannungen und leichtere Reizzustände.

Suchen Sie aber bei neu auftretenden Schmerzen Ihren behandelnden Arzt auf. Er wird Sie untersuchen. Eventuell ist eine Röntgenkontrolle notwendig, um eine Lockerung auszuschließen.

Weitere seltene Probleme sind bei manchen Operationen eine geringe Beinlängendifferenz, die aber leicht durch Absatz- und Sohlenerhöhung ausgeglichen werden kann. In Ausnahmefällen kann es zu einer langwierigen und unter Umständen sehr schmerzhaften Knochenentkalkung und Weichteilschwellungen kommen, die auch die Einschränkung der Beweglichkeit zur Folge haben kann (die sogenannte »Sudecksche Erkrankung«).

Krankengymnastische Übungsbehandlung

Im folgenden werden Sie mit dem allgemeinen krankengymnastischen Behandlungsverlauf vertraut gemacht.

1. Tag nach der Operation

Ihr Bein ist, wie auf dem Bild gezeigt, auf einer Schaumstoffschiene oder auf einem Kissen gelagert.

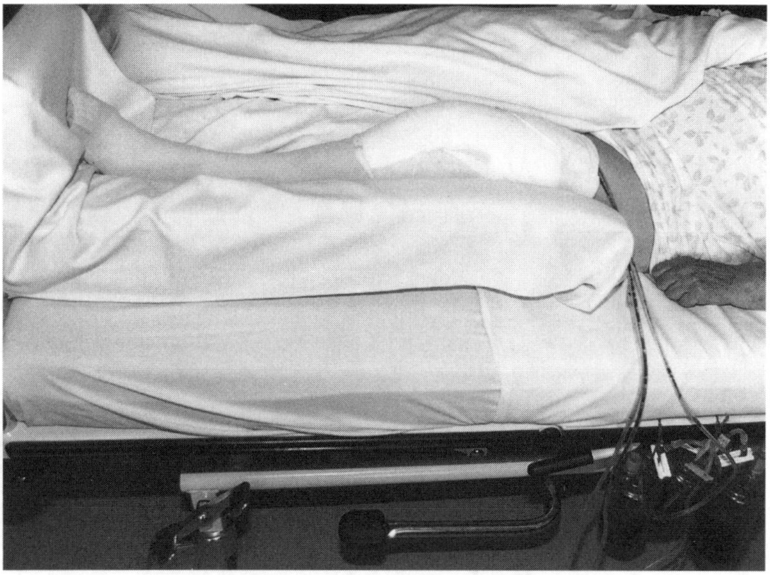

Am ersten Tag nach der Operation wird durch krankengymnastische Übungen der Stoffwechsel angeregt.

Ebenso gehört zum krankengymnastischen Übungsprogramm in den ersten Tagen Atemgymnastik und Thromboseprophylaxe, d.h. das Betätigen der „Muskelpumpe“ in den Beinen, um den venösen Blutfluß zu beschleunigen.

3. Tag nach der Operation

Die Drainagen werden am ersten Tag gelockert und am 2. Tag nach der Operation herausgezogen.

Nachdem die Drainagen entfernt sind, kann spätestens am 3. Tag die Krankengymnastin aktive Bewegungsübungen durchführen. Sie beüben das Anspannen des Oberschenkelstreckmuskels, um dadurch das Bein halten zu können.

Dann wird zunächst das Sitzen geübt. Wenn Sie an der Bettkante sitzen, sollten die Füße ggf. auf ein Fußbänkchen aufgestellt werden.

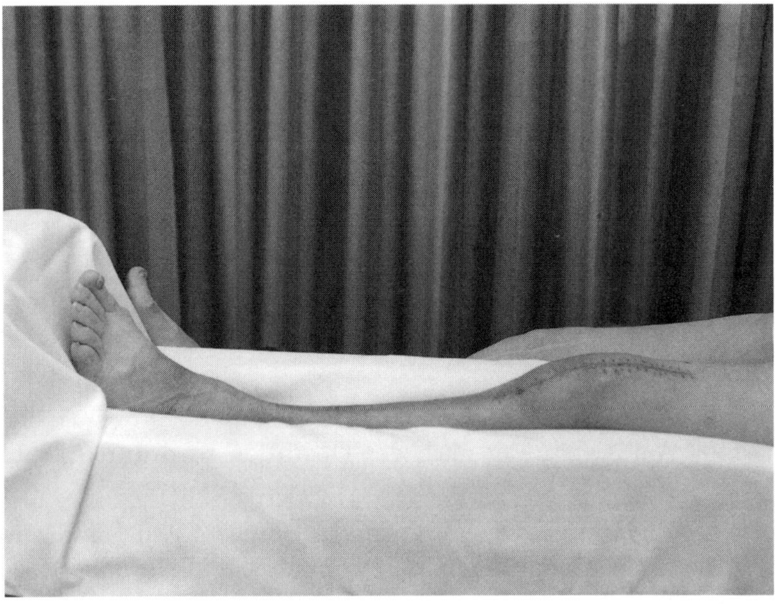

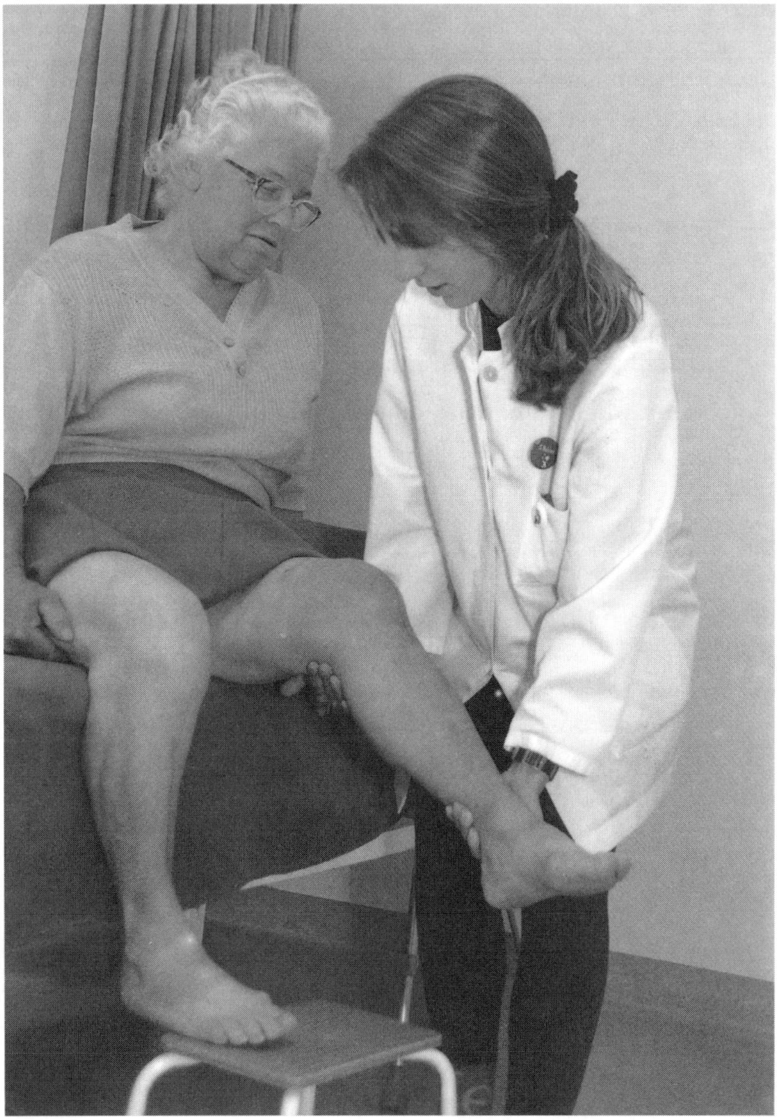

4. und 5. Tag nach der Operation

Nachdem Sie an der Bettkante sitzen können, üben Sie jetzt erstmalig das kurzfristige Aufstehen. Sie sollten auf keinen Fall versuchen, allein aufzustehen, da ein nicht sachgerechtes Bewegen des Kniegelenkes zu starken Schmerzen führen kann.

Wenn Sie Kreislaufprobleme haben, sollten Sie uns dies rechtzeitig mitteilen. Man kann dann den Kreislauf mit geringen Dosen kreislaufanregender Medikamente stabilisieren, auch kann der Kreislauf durch entsprechende Gymnastik vor dem Aufstehen unterstützt werden.

Im allgemeinen ist das Aufstehen für Patienten mit Kniegelenksersatzoperationen zunächst etwas schwierig.

Ab dem 5. Tag nach der Operation

Der nächste Schritt im Behandlungsverlauf ist das Erlernen des Gehens. Dabei werden grundsätzlich zwei Unterarmgehstützen benutzt, um das operierte Bein zu entlasten.

Abhängig von der Art der Kniegelenksendoprothese, die bei Ihnen eingesetzt wurde, müssen Sie ein unterschiedliches Gangbild anwenden:

Patienten, die mit einer Schlittenprothese oder einer achsgeführten Totalknieprothese versorgt wurden, erlernen den Vierpunkte-Gang.

Patienten, bei denen ein Oberflächenersatz implantiert wurde, erlernen den Dreipunkte-Gang.

Im folgenden werden die beiden Gangarten ausführlich beschrieben:

Vierpunkte-Gang

Dieser Gang entspricht dem normalen Gangbild, nur werden zur Entlastung des operierten Beines Stützen eingesetzt.

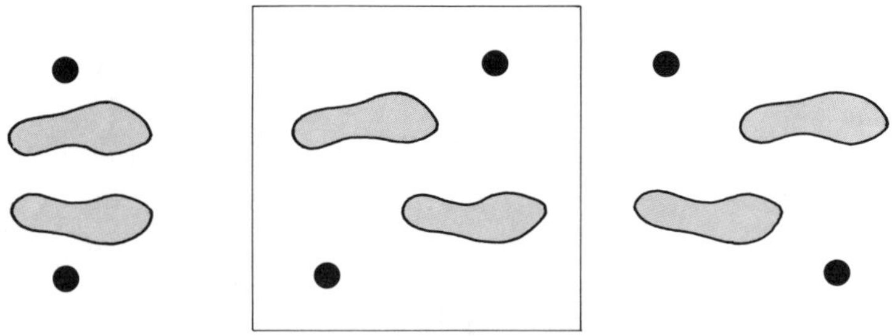

Die Füße stehen in der Ausgangsstellung parallel, die Stützen daneben. Sie müssen nun zunächst die Stütze vorsetzen, dann folgt der Fuß nach.

Nun wird die andere Gehstütze vorgesetzt, und es folgt der zweite Fuß nach. Dabei werden die Füße wie beim normalen Gehen aufgesetzt. Normalerweise erklärt Ihnen die Krankengymnastin das Laufen folgendermaßen: Linke Stütze, rechtes Bein – rechte Stütze, linkes Bein.

Das folgende Bild zeigt Ihnen noch einmal genau die Stellung der Füße und Gehstützen.

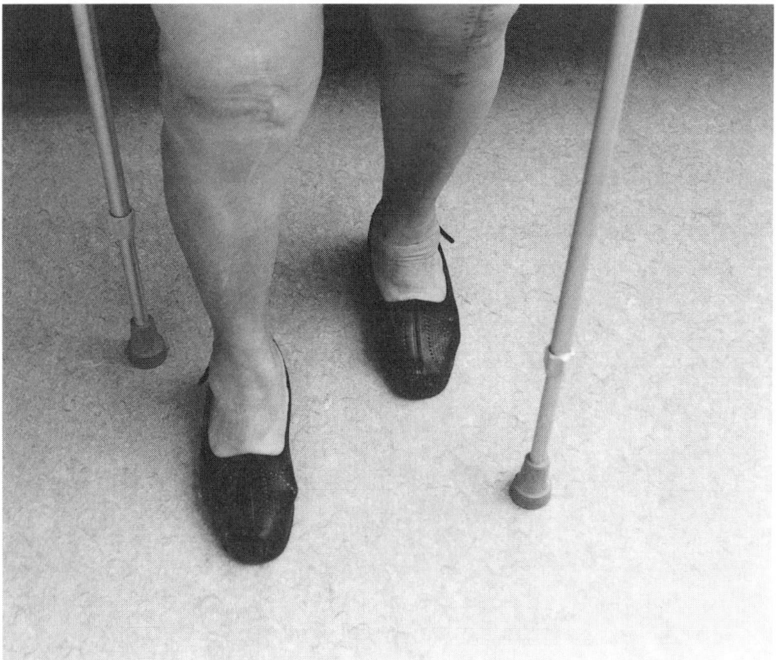

Dreipunkte-Gang

Beide Füße stehen zunächst parallel, beide Unterarmgehstützen werden nach vorn gesetzt.

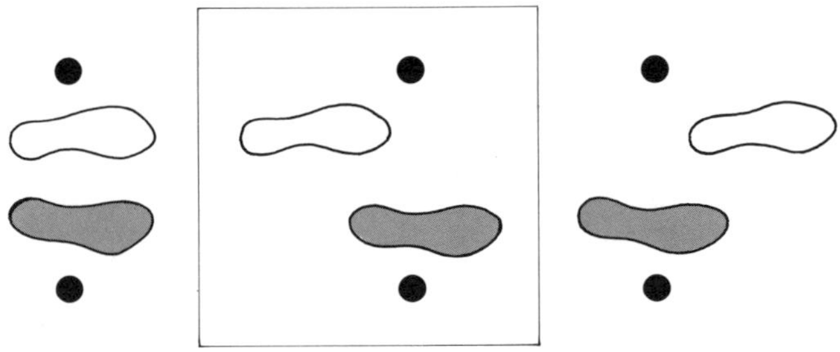

Es folgt das operierte Bein (in der Zeichnung dunkel), wobei der Fuß so weit vorgesetzt wird, daß sich die Stützen in Höhe des Mittelfußes befinden.

Nun wird das Körpergewicht mit den Händen abgefangen und das nicht operierte Bein um eine normale Schrittlänge nach vorn gesetzt.

Das folgende Bild zeigt noch einmal genau die Stellung der Füße und Unterarmgehstützen.

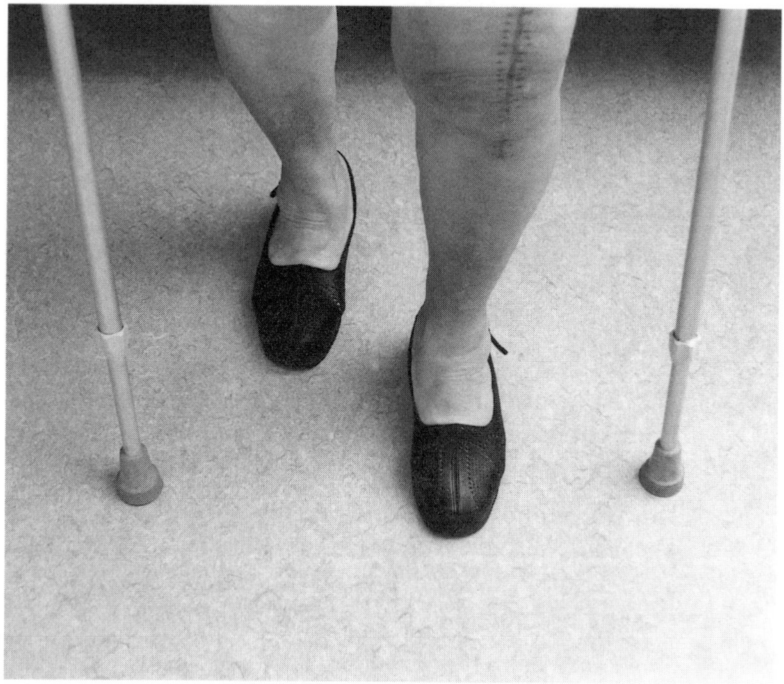

Üblicherweise wird beim Dreipunkte-Gang das operierte Bein mit ca. 10 bis 20 kg belastet; dies entspricht etwa dem Gewicht Ihres Beines.

Das Gehen wird jeden Tag wiederholt. Zunächst gehen Sie nur um das Bett. In dieser Woche sollten Sie üben, in Begleitung der Krankengymnastin zur Toilette zu gehen. Die Krankengymnastin zeigt Ihnen, wie Sie sich ohne Schmerzen auf die Toilette setzen können: Das operierte Bein wird vorgestreckt, und Sie können sich zusätzlich mit den Händen abstützen.

In den darauffolgenden Tagen können Sie, abhängig von Ihrem körperlichen Leistungsvermögen, die Gehstrecke erweitern; auch wird das Treppensteigen geübt.

2. postoperative Woche

Nach dem Ziehen der Fäden kann in der Regel am 13. oder 14. Tag postoperativ im Bewegungsbad zusätzlich geübt werden. Die behandelnde Krankengymnastin erklärt Ihnen den Weg zum Schwimmbad. Das Bewegungsbad ist eine Gruppenbehandlung; bitte gehen Sie erst nach Aufforderung durch die Krankengymnastin ins Wasser. Das Bewegungsbad hat den Vorteil, daß Sie Ihr operiertes Kniegelenk unter Abnahme der Körperschwere beüben können, außerdem sind die Muskeln im Wasser entspannter, und Sie können besser die angestrebten Bewegungsausmaße erreichen.

Für Kniepatienten ist es nicht günstig, Brustschwimmen mit Beinschlag auszuführen; bitte befolgen Sie die Anweisungen Ihrer Krankengymnastin.

Ein **Schwerpunkt der Behandlung** in dieser Woche ist die Verbesserung der Kniegelenksbeweglichkeit. Wichtig ist insbesondere, daß Sie eine ausreichende Beugung des Kniegelenkes erreichen können.

Das nach der Operation im Kniegelenk sich befindende Blut kann sonst zu Verklebungen führen.

Zur Unterstützung der krankengymnastischen Übungsbehandlung kann, wenn erforderlich, die Motorschiene eingesetzt werden. Die Krankengymnastin stellt das vorgegebene Bewegungsausmaß ein und erklärt Ihnen, wie die Schiene zu benutzen ist. Ist Ihr Knie noch unzureichend beweglich, sollten Sie zweimal täglich das Kniegelenk selbst beüben, wobei Ihnen zusätzlich die Motorschiene nach einem festgelegten Plan vom Pflegepersonal gebracht und eingestellt wird.

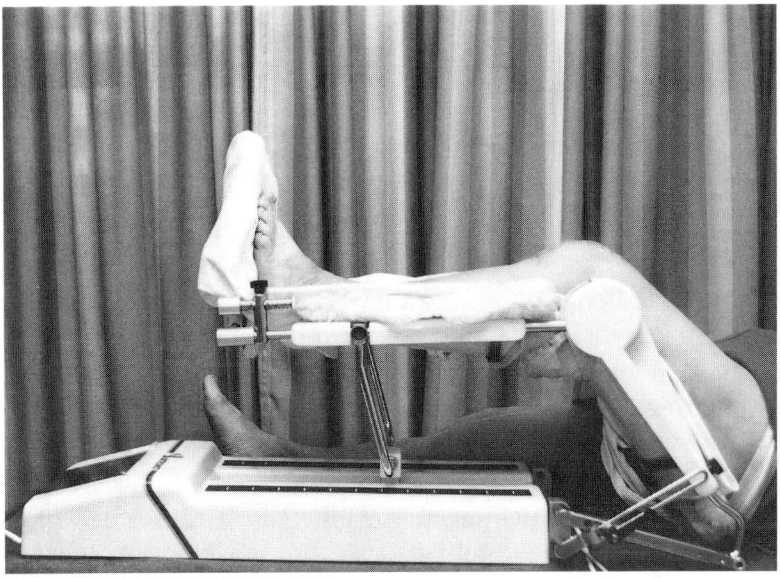

Da das Beüben des frisch operierten Kniegelenkes auch schmerzhaft sein kann, kann man während oder vor der Behandlung das operierte Kniegelenk mit einem Eisbeutel kühlen. Diese sogenannte Kältebehandlung wirkt schmerzlindernd, entspannt die Muskulatur und ermöglicht es somit, eine bessere Beweglichkeit des Kniegelenkes zu erreichen.

Sollte die krankengymnastische Übungsbehandlung zunächst zu schmerzhaft sein, können Sie auch 20 Minuten vor der Behandlung Schmerzmittel erhalten.

In der 2. Woche sollte Ihr Bewegungsausmaß 80 bis 90 Grad erreicht haben.

3. postoperative Woche

Es sollte ab der 3. Woche die volle Streckfähigkeit des Kniegelenkes gegeben sein. Besteht noch ein Streckdefizit, so können Sie die Reststreckung durch aktive Anspannungsübungen über eine Knierolle erreichen. Die Knierolle wird unter die Kniekehle gelegt und Sie müssen unter Anleitung der Krankengymnastin das Bein aktiv weitestmöglich strecken.

Die Beugefähigkeit kann verbessert werden durch Übungen im Sitzen, auch kann im Liegen auf dem Bett das Bein über die Bettkante herausgehängt und im Überhang zusätzlich unter Mithilfe der Krankengymnastin gebeugt werden. Es kann ein großer Ball (Pezzi-Ball) sowie ein kleiner Ball zum Üben eingesetzt werden.

Es kommt gelegentlich aufgrund des im Knie vorhandenen Blutes zu starken Verklebungen, die eine gute Kniebeweglichkeit verhindern. In diesen Fällen muß die sogenannte Narkosemobilisation eingesetzt werden. Die Entscheidung zur Durchführung der Narkosemobilisation erfolgt in Absprache mit Stationsarzt, Krankengymnastin und Operateur. Über die Durchführung der Narkosemobilisation können Sie in dem entsprechenden Kapitel nachlesen (Seite 35).

Anschließend kann die Krankengymnastin sehr viel leichter das bei der Narkosemobilisation erreichte Bewegungsausmaß mit Ihnen erüben. Nach der Narkosemobilisation kann der Bewegungsumfang ganz intensiv dadurch gefördert werden, daß zweimal täglich die Motorschiene eingesetzt wird. Auch ist eine sogenannte Stufenlagerung möglich: Das Bein wird in vierstündigem Wechsel auf einen hohen Schaumstoffblock und flach gelegt.

4. postoperative Woche

In der 4. postoperativen Woche sind Sie in der Regel nicht mehr im Akutkrankenhaus; in den meisten Fällen erfolgt die Verlegung in eine Rehabilitationsabteilung, wo die Krankengymnastik weitergeführt wird. In den seltenen Fällen, in denen Akutkrankenhaus und Rehabilitationsklinik räumlich und organisatiorisch miteinander verbunden sind, kann Sie sogar dieselbe Krankengymnastin weiterbetreuen.

Vorrangig in der 4. Woche ist die allgemeine Kräftigung des Beines, aber auch des gesamten Körpers, um für die spätere Entlassung eine ausreichende Belastbarkeit zu erreichen. Sie müssen ja im Alltag längere Gehstrecken wie zum Arzt oder zum Einkaufen zurücklegen.

Ein zweiter Schwerpunkt der Übungsbehandlung in der 4. Woche nach der Operation ist die sogenannte Alltagschulung. Dabei werden Bewegungsabläufe und Vorgänge eingeübt, die im alltäglichen Leben häufig erforderlich sind. Sie lernen das korrekte Bücken. Sie müssen auch lernen, in ein Auto ein- und auszusteigen. Es wird Ihnen erklärt, wie Sie Gegenstände am günstigsten tragen können: es empfiehlt sich nicht, die Taschen an die Gehstützen zu hängen, sondern Sie sollten entweder einen Rucksack tragen oder eine Tasche mit langen Bügeln verwenden, den man schräg über die Schulter auf die nichtoperierte Seite hängt.

In der 4. postoperativen Woche sind die meisten Patienten schon so beweglich und sicher, daß die Behandlung zusätzlich in der Gruppe weitergeführt wird. Dies hat den Vorteil, daß Sie zusammen mit anderen Patienten üben und lernen und so besser motiviert sind. In der Gruppenbehandlung werden für die Patienten spezielle Übungen, z.B. an der Sprossenwand, am Gehbarren oder auf dem Hocker durchgeführt. Ihre Übungen werden von der anwesenden Krankengymnastin überwacht.

Tips für Zuhause

Im allgemeinen tritt nach einem Kniegelenksersatz innerhalb weniger Wochen oder Monaten Schmerzfreiheit ein. Man kann dann wieder alle Verrichtungen des täglichen Lebens ausführen. Hierin liegt eine gewisse Gefahr, da man bei einem schmerzfreien und gut beweglichen Kniegelenk oft vergißt, daß es sich um einen Gelenksersatz handelt.

Es ist darauf zu achten, daß das operierte Bein auch bei völliger Schmerzfreiheit nicht überlastet wird. Von einer Überlastung ist ebenso zu warnen wie vor einer übertriebenen Schonung.

Die Hausfrau oder der Hausmann wird zwar den Haushalt wieder problemlos versorgen. Es sollten jedoch einige Arbeiten wie das Heben und Tragen schwerer Einkaufskörbe, das Fensterputzen und das häufige Knien vermieden werden. Lasten über 15 oder gar 20 kg sollten nicht gehoben oder getragen werden.

Leichtere Gartenarbeiten sind erlaubt. Das Umgraben oder andere schwere körperliche Gartenarbeit sind nicht zu empfehlen. Hier muß jemand gefunden werden, der diese Arbeiten übernimmt.

Berufe, die eine körperliche Schwerarbeit erfordern, sind nach dem Gelenkersatz ebenfalls nicht mehr zu empfehlen. Hier sind z. B. die Berufe eines Landwirts, eines Straßenbau- oder Waldarbeiters und eines Maurers zu nennen. Die Patienten sollten mit dem Arzt die Möglichkeit eines Arbeitsplatzwechsels besprechen. Auch Berufe, bei denen lange Wegstrecken oder ein häufiges Knien oder Bücken erforderlich sind, sollten nicht mehr ausgeübt werden. In der Regel kann leichte körperliche Arbeit ganztägig durchgeführt werden, wenn Sie überwiegend im Sitzen erfolgt und nur selten das Besteigen von Leitern und Treppen verlangt. Auch darf das operierte Knie keiner Nässe und Zuglufteinwirkung ausgesetzt sein, und die Wegstrecken sollten in der Regel zunächst nicht zu lang sein.

Immer wieder wird uns die Frage gestellt, wann man frühestens wieder selbst autofahren kann. In den ersten Monaten nach einem Kniegelenksersatz ist die Sicherheit und auch die Kraft noch nicht ausreichend, um als Fahrzeugführer am Straßenverkehr teilzunehmen. Man würde so sich und andere gefährden. Das plötzliche Bremsen oder die Betätigung der Kupplung bedeutet eine Gefahr für das neue Kniegelenk. Oft empfiehlt sich auch die Anschaffung eines Fahrzeuges mit Automatik-Getriebe, da zumindest das linke Bein weitgehend entlastet wird. Ist aber das rechte Bein operiert, so hilft auch ein automatikgetriebenes Fahrzeug nur wenig. Vor Ablauf des 3. Monats ist auch das Führen eines solchen Fahrzeuges nicht erlaubt.

Sie können zu einer langen Funktionsfähigkeit Ihres künstlichen Gelenkes beitragen, wenn Sie Ihr Körpergewicht nahe dem Normalgewicht halten. Dies dürfte Ihnen nach der Operation etwas leichter fallen, da Sie sich jetzt wieder mehr bewegen können als vorher, weil Sie ja weniger Schmerzen und eine größere Bewegungsfreiheit haben.

Bitte, vermeiden Sie strikt jede Gewichtszunahme!

Es empfiehlt sich, einen Schnürschuh mit elastischen Sohlen und Absätzen zu tragen. Nur ein Schnürschuh oder ein Schuh mit Klettverschluß gibt Ihnen die notwendige Sicherheit beim Gehen, auch auf unebenem Boden. Die Pufferwirkung von elastischen Sohlen (z.B. Porokrepp) bewirkt eine wesentliche Reduzierung der Belastung des künstlichen Kniegelenkes. Derartige Sohlen führen zu einer deutlichen Minderung der Stoßbelastung. Sie können auch ein Silikon-Fersenpolster in den Schuh einlegen.

Solange Sie noch Gehstützen verwenden, sollten Sie kleine Teppiche eher wegräumen, um nicht darauf auszugleiten; auch sollten Sie darauf achten, daß Sie mit den Gummistollen der Gehstützen nicht auf nassen und feuchten Fußböden ausrutschen. Eine weitere Gefahrenquelle kann im Herbst das feuchte Laub sein. Ist im Winter mit Schnee und Eisglätte zu rechnen, können an die Gummistollen der Gehstützen sogenannte Spikes angebracht werden. Diese Metallzacken verhindern sehr wirksam ein Ausrutschen auf dem Eis. Sind Sie wieder in der Wohnung, so können durch ein einfaches Umklappen eines Hebels die Spikes in den Gummipuffer zurückgezogen und die Gehstützen problemlos auch in der Wohnung eingesetzt werden.

Die tägliche Beobachtung zeigt, daß viele Patienten, wenn sie nach Hause entlassen worden sind, von ihren alltäglichen Pflichten wieder so in Anspruch genommen werden, daß sie häufig ihre Gehstützen vergessen. Insbesondere sollten Sie darauf achten, daß Sie z.B. beim Kochen nicht ohne Gehstützen laufen, um Kleinigkeiten aus einem Schubfach zu holen. Sie sollten natürlich darauf verzichten, bei der Heimkehr nach Hause größere Reinigungsarbeiten durchzuführen. Dies muß entweder durch die Angehörigen geschehen, oder Sie müssen warten, bis Sie ohne Gehstützen wieder voll belastbar sind.

Sport

Nun noch einige Worte zur sportlichen Betätigung. Nach einem Kniegelenksersatz ist es zwar grundsätzlich möglich, Sport zu treiben. Es sollten aber alle Sportarten vermieden werden, bei denen es zu plötzlichen oder häufigen Stoßbelastungen des Kniegelenkes kommt. Dazu gehören alle Kampf- und Sprungsportarten sowie Sportarten, bei denen ein abrupter Richtungswechsel erfolgt oder starke Beschleunigungen mit unvermeidbarem Abbremsen zur Regel gehören (z.B. Skiabfahrtslauf). Nicht erlaubt sind alle Ballsportarten wie Fußball, Handball, Volleyball u.a. Auch gegen das intensive Tennisspielen oder Squash bestehen Bedenken, da hier abrupte Richtungswechsel und ein plötzliches Abstoppen einer Bewegung regelmäßig stattfinden. Gerade auf den Kunststoffböden moderner Sporthallen entstehen sehr große Belastungen für das künstliche Kniegelenk.

Es sind allzu große Kraftanstrengungen, wie wiederholtes Aufrichten aus der Hocke oder das Hochstemmen von schweren Gegenständen, zu vermeiden. Schwimmen ist eine geeignete Sportart, da hierbei ruhige und gleichmäßige Bewegungen des Kniegelenkes unter Vermeidung von Extremstellungen ohne Belastung durch das Körpergewicht ausgeführt werden. Auch kräftigt das regelmäßige Schwimmen die gesamte Muskulatur. Das kräftige Abstoßen und Anspreizen der Beine sollte jedoch vermieden werden.

Radfahren auf dem Heimtrainer oder im Freien ist für ein künstliches Kniegelenk eine günstige und zu empfehlende Form der sportlichen Betätigung.

Spazierengehen oder Wandern mit kurzen Wegstrecken nach Möglichkeit auf weichem Waldboden ohne stärkeres Gefälle oder stärkere Steigungen sind erlaubt. Die Dauer einer solchen Wanderung sollte jedoch 1 bis 2 Stunden nicht überschreiten. Dabei empfiehlt es sich, einen Spazierstock auf der Gegenseite des operierten Beines zu benutzen, um das künstliche Kniegelenk zu entlasten.

Sie sollten es vermeiden, das Knie beim Bergsteigen oder Treppensteigen zu belasten. Die Hauptlast sollte von dem nichtoperierten Kniegelenk übernommen werden. Ebenso ist es nicht günstig, längere Zeiten (z. B. Zuschauer in einem Fußballstadion) auf dem operierten Kniegelenk zu stehen.

Entlasten Sie Ihr Kniegelenk während der täglichen Besorgungen. Sie können z. B. in einem Einkaufszentrum einen Einkaufswagen benutzen. So müssen Sie die eingekauften Waren nicht tragen und können sich zusätzlich noch auf dem Wagen abstützen. Sie sollten darauf achten, daß die Sitzgelegenheiten zuhause zumindest eine Sitzhöhe von 50 bis 60 cm haben. Dadurch wird das Kniegelenk beim Sitzen nicht zu sehr gebeugt und damit die Kniescheibe gegen das künstliche Gelenk gedrückt.

Da die künstlichen Prothesenteile ja aus Metall und Kunststoff bestehen, haben Sie nicht die Abwehrmöglichkeiten des menschlichen Körpers gegen Entzündungen, denn die Abwehrstoffe wie weiße Blutkörperchen und Antikörper werden über die Blutbahn transportiert und können nicht in die Prothese gelangen. Außerdem hat das Kniegelenk nur einen dünnen Weichteilmantel. Das künstliche Gelenk ist nicht wie an der Hüfte durch eine dicke Muskelschicht geschützt. Schürfwunden oder Platzwunden am Kniegelenk, aber auch Haarbalgentzündungen stellen für das künstliche Kniegelenk eine erhebliche Gefahr dar. Es ist deswegen sinnvoll, schon bei kleineren Verletzungen im Bereich des operierten Kniegelenkes sich bei Ihrem Arzt vorzustellen. Eventuell wird dieser Ihnen ein Antibiotikum verordnen, bis die Wunde verheilt oder die oberflächliche Entzündung der Haut abgeklungen ist.

Schlußbetrachtung

Wir haben in diesem Ratgeber, den Sie eben gelesen haben, ein Grundwissen über den Umgang mit einem künstlichen Kniegelenk zu vermitteln versucht. Diese Anleitung hat Ihnen im Überblick die Grundzüge der Übungsbehandlung und einen sinnvollen Umgang mit dem künstlichen Kniegelenk gezeigt. Wir konnten Ihnen nicht alle Besonderheiten einzeln darstellen. Wir hoffen, daß Sie unter Beachtung der aufgezeigten Regeln möglichst langfristig ohne Schmerzen Ihr Kniegelenk nutzen können.

Es sei nochmal wiederholt, daß regelmäßige Kontrollen erforderlich sind. Falls Sie jedoch Schmerzen im Kniegelenksbereich bekommen oder sich bei einem Sturz verletzen sollten, lassen Sie bitte sofort eine Kontrolluntersuchung, evtl. eine Röntgenkontrolle, vornehmen.

Wenn Sie irgendwelche Probleme mit Ihrem neuen Kniegelenk haben sollten, beraten Sie die behandelnden Ärzte gern. Die meisten Erfahrungen mit künstlichen Kniegelenken haben Ärzte für Orthopädie und Chirurgie. Da sich aber die Operationstechniken und die Prothesentypen ständig ändern, können selbstverständlich nicht alle Ärzte in gleicher Weise umfassend über alle Methoden informiert sein. So ist es sinnvoll, jene Ärzte um Rat zu fragen, die die meiste Erfahrung mit den von Ihnen verwendeten Prothesenmodellen haben.

Dank

Ganz herzlich möchte ich meiner Frau Liliane für ihre Hilfe bei der Manuskripterstellung danken. Sie hat mir auch viele wertvolle Hinweise für die Formulierung gegeben.

Des weiteren danke ich Frau Falkenberg für die Erstellung der Zeichenvorlagen sowie der Krankengymnastik-Abteilung und der Krankengymnastik-Schule Hessisch Lichtenau für die Fotografien.

Ein besonderer Dank gilt schließlich Herrn Prof. Dr. Blencke für die Durchsicht der Arbeit.

F.-J. Müller

Sachverzeichnis

Bücher zum Thema bei TRIAS

Thomann, K.-D.
Wenn das Knie schmerzt ...
Verletzungen und Erkrankungen des Kniegelenks · Ursachen und Behandlung · Was man selbst zur Vorbeugung tun kann
169 S. 41 Abb., ISBN 3-89373-142-3

Hermichen, H. G./Renz-Bäumer, M.
Das künstliche Hüftgelenk
Wann wird ein Hüftgelenk erforderlich? · Operation · Leben mit dem künstlichen Hüftgelenk · Krankengymnastische Übungen
93 S., 36 Abb., ISBN 3-89373-052-4

Oldenkott, P.
Bandscheibenschäden
Vorbeugen durch Wissen und Handeln · Gesunde und kranke Bandscheibe · Behandlungsmaßnahmen · Verhaltenshinweise · Selbsthilfe
166 S., 80 Abb., ISBN 3-89373-138-5

Thomann, K.-D.
Gesunde Füße – beschwerdefrei laufen
Ursachen und Behandlung von Fußbeschwerden · Richtige Fußpflege
174 S., 62 Abb., ISBN 3-89373-122-9

Thomann, K./Vey-Bicker, B.
Das Rückenbuch – Die Rückenkassette
Wirbelsäulengymnastik für jeden Tag – Buch, Tonkassette, Begleitheft
195 S., 75 Abb., 2 x 20 min, ISBN 3-89373-286-1

Meske, S./Lamparter-Lang, R.
Chronisches Gelenkrheuma
Diagnose, Behandlung, Selbsthilfe
144 S., 15 Abb., ISBN 3-89373-268-3

Kienholz, E.
Rheuma
Die verschiedenen rheumatischen Krankheitsbilder · Behandlungshinweise unter besonderer Berücksichtigung von Naturheilverfahren und Homöopathie
177 S., 14 Abb., ISBN 3-89373-113-X

Lauritzen, C./Minne, H. W.
Osteoporose
Wenn Knochen schwinden ... Ursachen · Krankheitszeichen · Untersuchungen · Vorbeugung und Behandlung
155 S., 45 Abb., ISBN 3-89373-108-3